# BEI GRIN MACHT SICH IHR WISSEN BEZAHLT

- Wir veröffentlichen Ihre Hausarbeit, Bachelor- und Masterarbeit

- Ihr eigenes eBook und Buch - weltweit in allen wichtigen Shops

- Verdienen Sie an jedem Verkauf

## Jetzt bei www.GRIN.com hochladen und kostenlos publizieren

**Bibliografische Information der Deutschen Nationalbibliothek:**

Die Deutsche Bibliothek verzeichnet diese Publikation in der Deutschen National-
bibliografie; detaillierte bibliografische Daten sind im Internet über http://dnb.d-
nb.de/ abrufbar.

**Impressum:**

Copyright © 2017 GRIN Verlag
Druck und Bindung: Books on Demand GmbH, Norderstedt Germany
ISBN: 9783668835641

**Dieses Buch bei GRIN:**

https://www.grin.com/document/448149

Marina Kolisnichenko

# Die strategische Unternehmensführung in der Sportökonomie

GRIN Verlag

Deutsche Hochschule für
Prävention und Gesundheitsmanagement
Hermann Neuberger Sportschule 3
66123 Saarbrücken

# Einsendeaufgabe

**Fachmodul:**          Strategische Unternehmensführung II

**Studiengang:**        Sportökonomie

**Datum**
**Präsenzphase:**       07.08. – 10.08.17

**Name, Vorname:**      Kolisnichenko, Marina

**Studienort:**         **Saarbrücken**

**Semester:**           **SS 2017**

# Inhaltsverzeichnis

# 1 Bodo Müllers Plan

Die Gesundheits- und Medizintechnik AG ist ein österreichisches Unternehmen, das zu den weltweit größten und bedeutendsten Lieferanten der Gesundheitsindustrie gehört. Der deutsche Marktanteil liegt bei 30 % in den wichtigsten Produktkategorien. Trotz der guten wirtschaftlichen Lage konnte der Marketing Direktor der Abteilung Vertrieb Bodo Müller, Veränderungen des deutschen Marktes sowie der Kunden in ihrem Verhalten beobachten. Aus diesem Grund sieht er einen dringenden Handlungsbedarf für die Gesundheits- und Medizintechnik AG. Im Folgenden werden Gründe, die für den Wandel stehen, Aspekte des von Bodo Müllers Plan zum Strategiewandel sowie Barrieren und Wiederstände, die dem von ihm initiierten Wandel entgegenstehen, vorgestellt.

## 1.1 Gründe für Wandel

1. Grund

Die erwarteten Wachstumsraten sind auffallend niedrig. Ein Grund dafür ist die allgemein geteilte politische Meinung einer weiteren Erhöhung der Gesundheitsausgaben entgegen zu wirken. Weitere Gründe sind das hohe Ausgabenniveau im Segment medizinische Geräte, das niedrige Bruttoinlandsprodukt-Wachstum sowie das geringe Bevölkerungswachstum.

2. Grund

In den letzten Jahren investieren Krankenhäuser relativ wenig in neue Geräte, da die staatliche Finanzierung sehr niedrig ist.

3. Grund

Früher wurden Entscheidungen über Anschaffungen der medizinischen Geräte in den meisten Fällen von Ärzten getroffen, heute nimmt der Einfluss der Krankenhausadministration und der Einkaufsabteilung im Rahmen des Einkaufsprozesses deutlich zu.

## 1.2 Aspekte des Strategiewandels

Um weiterhin erfolgreich zu bleiben, vertritt Bodo Müller die Meinung, dass die Gesundheits- und Medizintechnik AG sich den Veränderungen des deutschen Marktes durch Änderung der Marketingstrategie des Unternehmens anpassen muss. Aufgrund der Verlagerung des Kaufverhaltens und der Entscheidungsfindung bei Anschaffung der medizinischen Geräte soll in Zukunft in das Marketing investiert werden, das auf die Bedürfnisse und Herausforderungen der Entscheider der Krankenhäuser, wie beispielsweise CEO, CFO oder CIO, ausgerichtet ist. Dabei wird der Fokus auf die Krankenhausadministration gelegt. Die Gesundheits- und Medizintechnik AG soll auch in diesem Zusammenhang mehr ganzheitliche Lösungen anbieten, die die allgemeine Effizienz in Krankenhäusern verbessern. Der wichtigste Teil Bodo Müllers Strategie ist, die Marketing Vizepräsidenten der Produktlinien davon zu überzeugen, in das C-Level-Marketing zu investieren. Beim vierteljährlichen Treffen des Vizepräsidenten hat er mit Tabellen und Graphiken harte Zahlen und Fakten präsentiert, die das aktuelle Problem darstellten. Bei es ist ihm gelungen die Anwesenden davon zu überzeugen, dass das Unternehmen in dieser Hinsicht etwas unternehmen muss.

## 1.3 Barrieren und Wiederstände

Das Scheitern von Projekten im Zuge eines Strategiewandels, die zu Beginn als wichtig und verfolgenswert eingestuft wurden, ist keine Seltenheit. Der Grund dafür ist häufig die Widerstände der ausführenden Mitarbeiter, in diesem Fall der Vizepräsidenten der Gesundheits- und Medizintechnik AG. Die mangelhafte Prozesssteuerung, ein zu schnelles Veränderungstempo sowie unklar definierte Ziele können ebenfalls ein Grund des Projekt-Scheiterns sein. Damit Projekte dieser Art erfolgreich umgesetzt werden können, sollen mögliche Barrieren und Widerstände, die dem Wandel entgegenstehen könnten, frühzeitig erkannt und strategisch angegangen werden (Lauer, 2014, S. 47). Mit folgenden Barrieren bzw. Widerständen kann Bodo Müller beim Umsetzten seiner Strategie konfrontiert werden.

<u>Ungenügende Ressourcen</u>

Der von Bodo Müller initiierte Strategiewandel benötigt personelle sowie monetäre Ressourcen, da die künftigen Marketingaktivitäten an eine für die Gesundheits- und Medizintechnik AG neue Zielgruppe adressiert werden sollen. Für die Umsetzung der neuen Marketingstrategie wird viel Zeit für die Recherche sowie finanzielle Mittel benötigt. Da Bodo Müller nicht bekannt ist, ob diese Ressourcen den einzelnen Abteilungen zur Verfügung stehen, kann diese Barriere zum Scheitern des Projektes führen.

Widerspruch

Hier kann es zu einem eher aktiven verbalen Widerspruch kommen. Dieser kann seitens der Vizepräsidenten in Form einer Gegenargumentation oder eines sturen Formalismus auftreten (Doppler & Lauterburg, 2014, S. 357).

Lustlosigkeit

Das nonverbale und am wenigsten direkt sichtbarer Symptom für Widerstand ist die Lustlosigkeit. Dies konnte beim letzten Kick-off-Meeting, das Bodo Müller ins Leben gerufen hat, beobachtet werden. Denn nur die Hälfte der Eingeladenen ist zum Meeting erschienen und es konnte der Eindruck gewonnen werden, dass die Teilnehmer nur ungern dabei waren (Doppler & Lauterburg, 2014, S. 357).

Angst vor Veränderung

Da die aktuelle wirtschaftliche Lage des Unternehmens gut ist, gibt es für viele Mitarbeiter keinen Grund für Veränderungen. Auch Bequemlichkeit spielt hier eine große Rolle. Veränderungen bringen viele neue Aufgaben und Umstellungen mit sich und kosten Mitarbeitern viel Energie. Aus diesem Grund kann es dazu kommen, dass sich viele gegen Veränderungen wehren werden.

# 2 Change Management

Eine der größten Herausforderungen, der sich Unternehmen heute stellen müssen, ist, wie sie bei ständigen Turbulenzen und Störungen wettbewerbsfähig bleiben können. Unter Change Management wird die Planung, Steuerung und Kontrolle von geplanten Veränderungen in Unternehmen verstanden. Das Change Management wird dann benötigt, wenn sich das Unternehmen nicht mehr auf dem aktuellen Stand befindet und ihm Verlust von Marktanteilen droht. In erster Linie bezieht sich das Change Management auf die Mitarbeiter des Unternehmens, denn sie sind letztlich für die Umsetzung verantwortlich (Lauer, 2014, S. 4-5).

## 2.1 Gründe für Scheitern

Bodo Müller ist es nicht gelungen seinen Plan gemäß seiner Vorstellungen umzusetzen. Die Gründe für das Scheitern des Projektes werden im Folgenden, bezogen auf das Kotters 8-Stufen Modell, dargestellt.

In den 90iger Jahren hat der Change-Management Experte John Paul Kotter das in Tab. 1 dargestellte 8-Stufen-Modell entwickelt, das eine erfolgreiche Durchführung des tief greifenden organisationalen Wandels ermöglichen soll. Die einzelnen Schritte werden aus acht grundsätzlichen Fehlern abgeleitet, die für das Scheitern des Change-Projektes verantwortlich sind. Die in Tab. 1 dargestellten acht Schritte sollen im Idealfall nacheinander ablaufen.

Tab. 1: Das 8-Stufen-Modell von Kotter (Reisinger et al., 2013, S. 190)

| Gründe für das Scheitern | | Veränderung meistern |
|---|---|---|
| Zu viel Selbstgefälligkeit | Stufe 1 | Wecken Sie ein Gefühl der Dringlichkeit |
| Fehlt eine ausreichend strake Erneuerungs- /Funktionskoalition | Stufe 2 | Stellen Sie ein starkes Leitungsteam zusammen |
| Die Kraft der Vision wird unterschätzt | Stufe 3 | Entwickeln Sie eine klare Zielvorstellung und eine Strategie für die Veränderung |
| Mangelnde Kommunikation der Vision | Stufe 4 | Kommunizieren Sie Ihre Vision, werben Sie um Verständnis und Akzeptanz |
| Zulassen, dass Hindernisse neue Vision blockieren | Stufe 5 | Sichern Sie Handlungsfreiräume, befähigen Sie Mitarbeiter auf freier Basis |
| Die Unfähigkeit, schnelle Erfolge zu erzielen | Stufe 6 | Sorgen Sie für kurzfristige Erfolge |
| Zu früh den Sieg erklären | Stufe 7 | Lassen Sie nicht nach, leiten Sie weitere Veränderungen ein |
| Kultur bleibt unverändert | Stufe 8 | Entwickeln und verankern Sie eine neue Kultur (Verhaltensweisen) |

### 1. Grund: Zu viel Selbstgefälligkeit

Bodo Müller hat beim vierteljährlichen Treffen auf einer sehr sachlichen Ebene, klare und überzeugende Fakten und Zahlen präsentieren und konnte die Zuhörer davon überzeugen, dass etwas unternommen werden muss. Was ihm allerdings nicht gelungen ist, ist den Vizepräsidenten die dringliche Notwendigkeit des Wandels zu vermitteln (Kotter, 2015, S. 89). Da das Thema bei den Vizepräsidenten keinen hohen Stellenwert einnahm, waren sie nicht bereit ein Extra-Budget zur Verfügung zu stellen.

### 2. Grund: Fehlt eine ausreichend starke Führungskoalition

Bei der Bildung einer Führungskoalition geht es darum, eine Gruppe zusammenzustellen, die genügend Einfluss und Energie hat, um die Veränderung zu steuern und die anderen Mitarbeiter dazu zu bringen als Team zusammenzuarbeiten (Kotter, 2015, S.89). Bodo Müller hat versucht eine Arbeitsgruppe ins Leben zu rufen, die aus Vertretern aller Unternehmenseinheiten auf Arbeitsebene bestehen sollte. Im Bezug darauf hat er ein Kick-Off-Meeting organisiert, zu dem nur die Hälfte der Eingeladenen erschienen ist, die zudem noch ungern dabei waren. Aufgrund des Desinteresses der Beteiligten ist es Bodo Müller nicht gelungen, eine starke Führungskoalition zusammenzustellen.

### 3. Grund: Die Kraft der Vision wird unterschätzt

Bei jeder erfolgreichen Umsetzung des Change-Projektes entwickelt die Leitkoalition ein Bild der Zukunft, das relativ einfach zu kommunizieren ist und Kunden, Aktionäre und Mitarbeiter anspricht (Kotter, 2015, S. 89-90). Bodo Müller hat sich bei seiner Präsentation des Projektes primär auf Zahlen, Daten und Fakten fokussiert, um die Vizepräsidenten zu überzeugen. Die Vision bzw. eine klare Zielvorstellung und eine genaue Strategie für die Veränderung hat er nicht entwickelt. Dies hat seine Überzeugungskraft gemindert und ebenfalls zum Scheitern des Projektes geführt.

### 4. Grund: Mangelnde Kommunikation der Vision

Da keine Vision von Bodo Müller entwickelt wurde, konnte diese auch nicht kommuniziert werden. Dies war ebenfalls der Grund, warum die Dringlichkeit des Projektes von Vizepräsidenten nicht verstanden und akzeptiert wurde.

## 2.2 Veränderung meistern

Im Folgenden wird das von John Paul Kotter weiterentwickelte 8-Beschleuniger Modell vorgestellt und auf die Situation von Bodo Müller übertragen. Es wird erläutert, wie der Wandel von Bodo Müller mit Hilfe des 8-Beschleuniger Modells hätte erfolgreich umgesetzt werden können.

Der Kern der erfolgreichen Umsetzung großer Change-Projekte ist das 8-Beschleuniger Modell, das auf der 8-Schritten-Methode von Kotter aufbaut. Es gibt jedoch drei Hauptunterschiede zwischen den acht Schritten und den acht Beschleunigern nach Kotter (Kotter, 2015, S. 83-84):

- Die acht Schritte sind streng definiert, auf eine begrenzte Zeit bestimmt und laufen nacheinander ab. Die acht Beschleuniger erfolgen zur gleichen Zeit und laufen kontinuierlich ab

- Die Schritte werden normalerweise von einer kleinen, mächtigen Kerngruppe vorangetrieben, während die Beschleuniger so viele Menschen wie möglich aus der gesamten Organisation heranziehen, um eine "Freiwilligenarmee" zu bilden

- Die Schritte sind so konzipiert, dass sie innerhalb einer traditionellen Hierarchie funktionieren, während die Beschleuniger die Flexibilität und Agilität eines Netzwerks erfordern

In Abb. 1 wird das 8-Beschleuniger-Modell visuell dargestellt.

Abb. 1: Die acht „Beschleuniger" nach Kotter (modifiziert nach Kotter, 2015, S. 88)

1.  Gefühl der Dringlichkeit für eine bedeutende Chance wecken

Ein Gefühl der Dringlichkeit zu wecken, bedeutet, den Menschen zu helfen, die Notwendigkeit der Veränderungen zu sehen, entweder um eine Chance zu nutzen oder um sich mit einem Problem zu befassen, das das Unternehmen zurückhält. Eines der ersten Schritte, die Bodo Müller beim Änderungsprozess berücksichtigt hätte sollte, wäre sicherzustellen, dass jeder Mitarbeiter der obersten Hierarchieebene die Notwendigkeit der Veränderung und die Wichtigkeit des sofortigen Handelns versteht. Wenn es ihm gelingt bei den Managern ein Gefühl der Dringlichkeit zu wecken, wird es sie dazu motivieren, das Projekt in Bewegung zu bringen (Kotter, 2015, S. 89).

2.  Aufbau und Pflege einer lenkenden Koalition

Die lenkende Koalition ist eine Gruppe von Change-Führungskräften, die im Change-Projekt eine sehr bedeutende Rolle hat. Diese Koalition ist daran beteiligt, die Richtung für den Wandel festzulegen, Optionen zu identifizieren und Entscheidungen darüber zu treffen, worauf der Fokus gerichtet werden soll. In diesem Schritt hätte Bodo Müller, deutlich mehr als die Hälfte der Vizepräsidenten für das Projekt gewinnen und sie miteinbeziehen müssen, damit Chancen und Probleme vollständig hätten verstanden werden sowie mögliche Lösung erarbeitet werden können (Kotter, 2015, S. 89).

3.  Formulierung einer strategischen Vision und Entwicklung von Change-Initiativen

Bei den ersten drei Punkten ging es darum, Motivation für Veränderungen im Unternehmen zu schaffen und Menschen zusammenzubringen, die diese Veränderungen bewirken können. Bei diesem Punkt geht es darum, eine richtungsweisende Vision für die Veränderung zu formulieren und eine Strategie für die Umsetzung dieser Vision zu entwickeln. Wenn die Vision nicht klar definiert ist, kann der Veränderungsaufwand verwirrend werden und das Unternehmen in die falsche Richtung führen. Aus diesem Grund soll eine Vision verständlich, einfach und schnell kommunizierbar sowie strategisch intelligent formuliert sein (Kotter, 2015, S. 89-90).

4. Kommunikation der Vision und der Strategie, um Unterstützung und Freiwillige zu
gewinnen

Nach der Entwicklung der Vision und der Strategie folgt der nächste wichtige Schritt,
die Kommunikation. Diese soll durch alle verfügbaren Kommunikationskanäle erfolgen.
Die Vision und Strategie muss den Mitarbeitern von der lenkenden Koalition so vorge-
lebt werden, dass sie sich motiviert fühlen, sich dafür einsetzen und sich freiwillig an
der Veränderung beteiligen wollen.

5. Beseitigung von Hindernissen, um ein rasches Vorankommen zu ermöglichen

In diesem Schritt geht es darum, Maßnahmen zu ergreifen, die das Unternehmen dazu
bringen werden, die Veränderungsvision zu verwirklichen. Alle Hindernisse, die der
Vision im Wege stehen, sollen identifiziert und beseitigt werden. Qualifizierten Mitarbeitern soll die Möglichkeit gegeben werden, sich freiwillig mit identifizierten Hindernissen auseinanderzusetzen und die Lösung innerhalb der Hierarchie zu implementieren
(Kotter, 2015, S. 90-91).

6. Zelebrieren von schnellen, bedeutenden Erfolgen

Die leitende Koalition soll sichtbare und signifikant kurzfristige Erfolge feiern und
kommunizieren, um die Motivation der Mitarbeitern aufrecht zu erhalten und zu bestä-
tigen, dass diese Entscheidungen und Handlungen für das Unternehmen sinnvoll sind.

7. Nicht nachlassen, stets weiter lernen und nicht zu früh den Sieg ausrufen

Häufig scheitern Change-Projekte, da der Antrieb, weiter für die Veränderung zu arbei-
ten stagniert, sodass es zur Rückkehr zu alten Verhältnissen kommt. Um dies zu vermeiden, muss das Unternehmen bei strategischen Initiativen dranbleiben und die Dringlichkeit der Veränderung weiterhin aufrechterhalten (Kotter, 2015, S. 91).

8. Institutionalisierung des strategischen Wandels in der Unternehmenskultur

Die letzte Etappe der acht Beschleuniger nach Kotter besteht darin, die Veränderung in
das Unternehmen zu integrieren und diese in die Kultur des Unternehmens einzubezie-
hen (Kotter, 2015, S. 91).

# 3 Strategieimplementierung

Die Strategieimplementierung ist ein kontinuierlicher Prozess, der einen maßgeblichen Einfluss auf den Unternehmenserfolg hat. Dieser Prozess umfasst verschiedene Managementaktivitäten, die erforderlich sind, um die Strategie in Gang zu setzen, strategische Kontrollen einzurichten, die den Fortschritt überwachen und letztendlich organisatorische Ziele erreichen (Raps, 2017, S. 27-28). Im Allgemeinen wird laut Raps (2017, S.30) die Strategieimplementierung in zwei Teilphasen unterteilt: die Durchsetzung und Umsetzung von strategischen Maßnahmenprogrammen. Im Folgenden werden Maßnahmen einer theoretischen Strategieimplementierung der Gesundheits- und Medizintechnik AG dargestellt.

## 3.1 Durchsetzung

Die Phase der Durchsetzung wird als Hauptaufgabe der Strategieimplementierung gesehen, die verhaltensbezogene Aufgaben umfasst. Diese beinhalten die Strategie der Bewältigung der Verhaltenswiederstände sowie der Vermittlung strategiebezogener Akzeptanz. Die Durchsetzungsphase der Strategieimplementierung setzt sich aus drei folgenden Maßnahmen aus (Welge, Al-Laham & Eulerich, 2017, S. 827):

- Vermittlung der Strategie
- Einweisung und Schulung
- Schaffung eines strategiebezogenen Konsenses

Vermittlung der Strategie

Wenn die Mitarbeiter des Unternehmens die Strategie der vorgenommenen Veränderung nicht kennen oder nicht verstehen, werden sie nicht im Sinne der unternehmerischen Ambitionen handeln. Aus diesem Grund ist es essentiell, allen Mitarbeitern der Gesundheits- und Medizintechnik AG die Ziele und wesentliche Inhalte der Strategie zu vermitteln und die Möglichkeit zu bieten, sich damit auseinanderzusetzen (Welge, Al-Laham & Eulerich, 2017, S. 827).

Einweisung und Schulung

Strategieimplementierung ist ein komplexer Wandlungsprozess, der von den Mitarbeitern und den Führungskräften entsprechend angepasste Entscheidungsmuster und Handlungen voraussetzen. Aus diesem Grund muss der dadurch resultierende Lern- und

Fortbildungsbedarf hinsichtlich der strategiebezogenen Qualifikationen in Rahmen von Einweisungen und Schulungen gedeckt werden. Denn Mithilfe dieser Maßnahmen können Unsicherheiten und Ungewissheiten abgebaut und die Bereitschaft als auch die Fähigkeit, die Strategie mitzutragen und umzusetzen gefördert werden (Welge, Al-Laham & Eulerich, 2017, S. 828).

Schaffung eines strategiebezogenen Konsenses

Relativ häufig können während der Strategieumsetzung Konflikte sowohl zwischen den Beteiligten der gleichen Hierarchieebene als auch zwischen den Beteiligten der unterschiedlichen hierarchischen Ebenen auftreten. Wenn solche Konflikte nicht ernst genommen werden, können dadurch Barrieren aufgebaut werden, die zu Verzögerung führen oder letztlich die Strategie zum Scheitern bringen können. Angesichts dessen ist ein entsprechendes Konfliktmanagement notwendig, womit Konflikte gelöst werden können (Welge, Al-Laham & Eulerich, 2017, S. 829).

## 3.2 Umsetzung

Im Gegensatz zu der verhaltensbezogenen Aufgaben umfasst die Phase der Umsetzung eine sachorientierte Strategieumsetzung, die sich mit der Konkretisierung der Strategie sowie der Ausrichtung sämtlicher Erfolgsfaktoren auf die Strategie beschäftigt (Welge, Al-Laham & Eulerich, 2017, S. 816). Folgende Aufgaben stellen zusammengefasste Klassen von Aktivitäten der Umsetzungsphase dar:

- Transformation
- Anpassung
- Motivierung und Mobilisierung

**Transformation**

Die Aufgabe der Transformation besteht darin, die klar definierten Maßnahmen festzulegen, die Kosten- und Ressourcenschätzungen, Festlegung von Verantwortlichen, Konkretisierung von Anfangs- und Endzeitpunkten sowie die Formulierung nach Inhalt, Ausmaß und Zeit definierten Zielen. Bei diesen Maßnahmen sollen klare Prioritäten und zeitliche Fristen gesetzt werden, was einen Gesamtüberblick über das Strategieprojekt verschafft. Die folgenden möglichen Fehler können auf der Managementebene auftreten und es soll darauf geachtet werden diese zu vermeiden:

- Alles sofort erledigen wollen: die Prioritäten müssen richtig gesetzt werden
- Zu wenig Zeit einplanen: es muss ausreichend Zeit inklusive Zeitreserve eingeplant werde
- Immer die gleichen Verantwortlichen: dies kann zur Überforderung dieser Mitarbeiter führen und die Umsetzung gefährden. Idealerweise die Aufgaben gleichmäßig auf mehrere Mitarbeiter zu verteilen

**Anpassung**

Bei dieser Aufgabe handelt es sich um die Anpassung von Organisationsstrukturen, der Unternehmenskultur, Managementsysteme (Behnam, Gilbert & Kreikebaum, 2011, S. 165-173) sowie des Personals und Führungskräftepotentials an die formulierte Strategie (Venzin et al., 2010, S. 223-227). Im Folgenden werden die einzelnen Unternehmenspotentiale aufgeführt und für die Strategie der Gesundheits- und Medizintechnik AG angepasst.

Unternehmenspotenzial „Organisationsstruktur":

Anpassung der Organisationsstruktur an die Unternehmensstrategie, „structure follows strategy" (Müller, 2010, S. 175). Das bedeutet, dass die Gesundheits- und Medizintechnik AG ihre Strukturen verändern muss, um sich der neudefinierten Strategie anzupassen. Dazu gehört viel mehr als nur die Anpassung der Marketing-Strategien an die neue Zielgruppe. Es muss die dazugehörige Rollenbeschreibung definiert werden – wer übernimmt welche Aufgaben. Ebenfalls muss sich das Unternehmen mit Fragen wie: welche Aufgaben sind hinzugekommen und werden notwendig? Wie flexibel soll die Organisation sein? Welche Aufgaben sollen/können von externen Firmen übernommen werden? Wie soll die Entscheidungsfreiheit gestaltet werde? (Venzin et al., 2010, S. 223).

Unternehmenspotential „Unternehmenskultur":

Bei der Strategieimplementierung hat die Unternehmenskultur, die als „Grundgesamtheit gemeinsamer Werte, Normen und Einstellungen (…), welche die Entscheidungen, die Handlungen und das Verhalten der Organisationsmitglieder prägen" (Heinen & Dill, 1990, S. 17), verstanden wird, eine bedeutende Rolle. Die aktuelle Eigentümerkultur der Gesundheits- und Medizintechnik AG mit einem mitarbeiterorientiertem Führungsstil ist bereits eine gute Grundlage für die geplante Strategieimplementierung. Dennoch muss eine bestehende Ist-Kultur erfasst und mit der sich aus der Strategie ergebenen Soll-Kultur abgestimmt werden (Welge, Al-Laham & Eulerich, 2017, S. 820).

<u>Unternehmenspotential „Managementsysteme":</u>

Bei der Unterstützung der Strategieimplementierung spielt ein spezifisch ausgerichtetes Managementsystem. Dieses beinhaltet Informations-, Kontroll- und Kommunikationssysteme (Bamberger & Wrona, 2012, S. 481-482). Diese müssen so ausgerichtet sein, dass jederzeit ein klar definierter Fortschritt der Strategieimplementierung in sieben Teilbereichen der Gesundheits- und Medizintechnik AG erhoben werden kann. Dieses Vorgehen sogt für eine rechtzeitige Erkennung der Abweichungen (Welge, Al-Laham & Eulerich, 2017, S. 822-823).

<u>Unternehmenspotential „Mitarbeiter und Führungskräfte"</u>

Für die Implementierung der geplanten Strategie wird bestimmtes personelles Potential sowie spezifische Fähigkeiten der Mitarbeiter benötigt. Der notwendige Personalbedarf muss in quantitativer und qualitativer Hinsicht ermittelt werden und mit dem aktuellen Ist-Bestand der Gesundheits- und Medizintechnik AG, der bei ca. 20.000 Mitarbeitern liegt, abgeglichen werden. Hinzu kommt, dass die richtige Auswahl der Führungskräfte, die über für die Strategie notwendigen Qualifikationen verfügen (Welge, Al-Laham & Eulerich, 2017, S. 825).

**Motivierung und Mobilisierung der Mitarbeiter**

Während der Strategieimplementierung kommt es häufig zu verschiedenen Problematiken, wie beispielsweise Verzögerungen, unbefriedigende Ergebnisse, unerwartete Probleme, Widerstände bei den Mitarbeitern und Konflikte. Diese sorgen für die Unzufriedenheit der Mitarbeiter, was die Motivation negativ beeinflusst (Haake & Seiler, 2012, S. 125). Aus diesem Grund ist es die Aufgabe der Führungskraft die Motivation der Mitarbeiter aufrecht zu erhalten. Dies kann mithilfe von folgenden Implementierungstaktiken erzielt (Raps, 2004, S. 35-36):

- Überzeugungstaktik
- Interventionstaktik
- Erlasstaktik
- Partizipationstaktik

Am erfolgreichsten sind die Interventionstaktik und die Partizipationstaktik (Raps, 2004, S. 37).

# 4 Balanced Scorecard

Mit der Balanced Scorecard wird ein strategisches Managementsystem bezeichnet. „Es soll dabei einen Handlungsrahmen für verschiedene Managemnetprozesse bilden, wie die Setzung von Zielen, die Kommunikation und Umsetzung von Strategien, die Planung und Budgetierung, die Gestaltung von Anreizsystemen oder die Kontrolle" (Bamberger & Wrona, 2012, S. 382).

## 4.1 Ursache-Wirkungskette

Die Vision sowie die Strategie der Gesundheits- und Medizintechnik AG stellen den Ausganspunk der Entwicklungsarbeit dar. Nun werden die Perspektiven als Ursache-Wirkungskette aufgebaut und in Form einer „Strategy Map" dargestellt (Kaplan & Norton, 2004, S. 9). Eine „Strategy Map" ist ein Diagramm, das verwendet wird, um die primären strategischen Ziele zu dokumentieren, die von einer Organisation oder einem Managementteam verfolgt werden (Heß, 2010, S. 125). Die nachfolgende Abb. 2 stellt die Ursache-Wirkungskette der Gesundheits- und Medizinprodukttechnik AG dar.

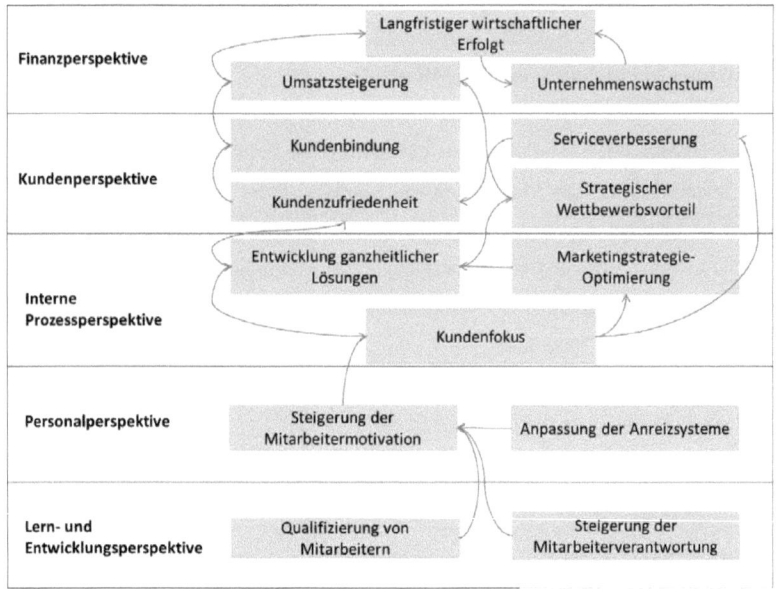

Abb. 2: Ursache-Wirkungskette der Gesundheits- und Medizintechnik (modifiziert nach Kerth et al., 2011, S. 247)

## 4.2 Festlegung Ziele, Kennzahlen, Vorgaben und Maßnahmen

Basierend auf der bereits dargestellten Ursache-Wirkungskette sind in Tab. 2 für jede der fünf Perspektiven ein Ziel, eine passende Kennzahl, eine Vorgabe und konkrete Maßnahme.

Tab. 2: Ziele, Kennzahlen, Vorgaben und Maßnahmen der Gesundheits- und Medizintechnik AG (modifiziert nach Dillerup & Stoi, 2013, S. 387)

| Perspektive | Ziel | Kennzahl | Vorgabe | Maßnahme |
|---|---|---|---|---|
| **Finanz-perspektive** | Steigerung des Umsatzes | % Umsatz | 20% Umsatz-steigerung in nächsten 2 Jahren | Umsetzung der der neu-en/überarbeitet en Marke-tingstrategie |
| **Kunden-perspektive** | Steigerung der Kundenzufrieden-heit | % Customer Satisfac-tion Score (CSAT) | CSAT um 20% steigern, im nächsten Jahr | Bildung der ganzheitlichen Lösungen |
| **Interne Prozess-perspektive** | Interne Kundenori-entierung erhöhen | Schnittstellenbefra-gungsindex | 75 Indexpunk-te, in nächsten 2 Jahren | Einführung Prozessma-nagement |
| **Personal-perspektive** | Steigerung der Mitarbeitermotiva-tion | Mitarbeiterbefra-gungswerte | 85% Index-werte, in nächsten 2 Jahren | Feedbacksys-teme überarbei-ten |
| **Lern- und Entwick-lungsper-spektive** | Qualifizierung von Mitarbeitern | Anzahl der Schulun-gen / Workshops pro Jahr | 4 Schulung / Workshop im nächsten Jahr | Organisation einer Schulung / Workshop pro Quartal (insge-samt 4 pro Jahr) |

# 5 Unternehmensethik

„Unternehmensethik versteht sich als eine Lehre vom friedensstiftenden Handeln der Unternehmensführung bei Konflikten mit den jeweiligen Anspruchsgruppen" (Müller-Stewens & Lechner, 2011, S. 241).

Wertekonformes Verhalten ist für ein Unternehmen von großer Bedeutung. Im Folgenden wird das Unternehmen „ERGO" vorgestellt, bei dem aufgrund eines öffentlichen Skandals ein wertekonformes Verhalten nicht ersichtlich war.

## 5.1 Praxisbeispiel

Es begann mit einer gängigen Praxis für Finanzinstitute Incentive-Reisen zu nutzen, um ihre Vertriebsmitarbeiter zu motivieren und zu belohnen. Dies war bei der Ergo-Tochter Hamburg-Mannheimer International (HMI) der Fall als sie ihre "Party des Jahres" starteten. Spitzenverkäufern, basierend auf den Verkaufsergebnissen zwischen November 2006 und April 2007, wurde eine dreitägige Reise nach Budapest organisiert (WeltN24, 2011).

Im Juni 2007 wurden die historischen Gellert-Thermen in Budapest, Ungarn, in einen Party-Ort verwandelt, der mit vorgehängten Himmelbetten für etwa 100 Vertriebsmitarbeiter ausgestattet war. Telefone und Kameras waren im Kurkomplex strengstens verboten. Was dann folgte, wurde in Medienberichten als "Orgie" und "Sex Party" beschrieben. Die Medien berichteten, dass bei dieser Abendveranstaltung ca. 20 Prostituierte anwesend waren, die farbige Armbändchen trugen. „So wurde festgehalten, welche Dame wie oft frequentiert wurde" (Handelsblatt, 2011). Damen mit weißen Bändchen waren für Führungskräfte und leistungsstärkste Verkäufer reserviert. Angeblich erhielten die Damen für jeden Liebesdienst, den sie ausführten, einen Stempel auf dem Unterarm. Laut Zeugenaussagen trieben Limousinen die Verkäufer in ihr Luxushotel, wo sie die Dienste von Prostituierten in Anspruch nehmen konnten. Die Reisekosten summierten sich auf 83.000 Euro, die als Betriebsausgaben erfasst und gegen Steuern verrechnet wurden, was der primäre Grund für die immense Beachtung der Öffentlichkeit war (WeltN24, 2011).

## 5.2 Unternehmenswerte

Eines der wichtigsten Regelwerke für die ERGO ist der Verhaltenskodex für Mitarbeiter. Dieser formuliert Anforderungen an ein ethisches korrektes Verhalten von Mitarbeitern, Führungskräften und Geschäftsführung gegenüber Kollegen, Vorgesetzten, Kunden und der Öffentlichkeit.

Die allgemeinen Unternehmenswerte der ERGO werden im Folgenden zusammengefasst dargestellt (Ergo, 2017):

- Professioneller Umgang mit Risiken gehört zum täglichen Geschäft
- Schaffung von nachhaltigen Werten für alle
- Verbesserung des Zugangs zur Gesundheitsversorgung
- Gesellschaftliche Verantwortung auf vier Handlungsfeldern: nachhaltig Wirtschaften, Umwelt, Engagement und Reporting an Stakeholder

## 5.3 Wertebuch

Der ERGO-Skandal überschritt ethisch moralische Grenzen. An dieser Stelle ist zu erwähnen, dass die niedergeschriebenen Unternehmenswerte, die zum Zeitpunkt des Skandals vorlagen, heute nicht mehr zu finden sind. Bekannt ist, dass die Versicherungsgruppe als Konsequenz aus dem Sex-Skandal ihre Verhaltensregeln für Mitarbeiter und selbstständige Handelsvertreter verschärft hat (Frankfurter Allgemeine, 2011). Das Verhalten der Führungskräfte und der Mitarbeitern beim Vorfall in Budapest verstieß in erster Linie gegen den für das Unternehmen wichtigen Verhaltenskodex. Dieses Verhalten ist keinesfalls mit einem ethisch korrekten Verhalten gleichzusetzen.

## 5.4 Konsequenzen

Das nicht-wertekonforme Verhalten der ERGO hatte folgende Konsequenzen zu tragen:

Interne Stakeholder

- Durch Skandal massive Schädigung des Rufs (ntv, 2012)
- 2008 bis 2010 wurden 1800 Stellen abgebaut (Frankfurter Rundschau, 2012)

Externe Konsequenzen

- Jürgen Klopp zieht den Werbevertrag zurück

- Massive Einbrüche bei Marktanteilen und Vertragsbeständen. 170.940 weniger Verträge im Bestand als ein Jahr zuvor (Handelsblatt, 2014)

# 6    Literaturverzeichnis

Behnam, M., Gilbert, D. U. & Kreikebaum, H. (2011). *Strategisches Management* (7., vollst. Überarb. Aufl.). Stuttgart: Kohlhammer.

Dill, P. (1986). *Unternehmenskultur. Grundlagen und Anknüpfungspunkte für ein Kulturmanagement.* Bonn: BDW.

Dillerup, R. & Stoi, R. (2013b). *Unternehmensführung* (4. Aufl.). München: Vahlen, Franz.

Doppler, K. & Lauterburg, C. (2014). *Change Management. Den Unternehmenswandel gestalten* (13., aktual. und erw. Ausg.). Frankfurt am Main: Campus.

Ergo, (2017). *Corporate Governance.* Zugriff am 05.11.2017. Verfügbar unter: http://www.ergo.com/de/Unternehmen/Corporate-Governance

Ergo, (2017). *Strategie. Gemeinsam Mehrwert schaffen.* Zugriff am 05.11.2017. Verfügbar unter: http://www.ergo.com/de/Verantwortung/Strategie

Frankfurter Allgemeine. (2011). *Ergo verschärft Verhaltensregeln nach Sex-Skandal.* Zugriff am 05.11.2017. Verfügbar unter: http://www.faz.net/aktuell/wirtschaft/unternehmen/versicherungsmitarbeiter-ergo-verschaerft-verhaltensregeln-nach-sex-skandal-17205.html

Frankfurter Rundschau. (2012). *Ergo streicht bis zu 1350 Stellen im Vertrieb.* Zugriff am 05.11.2017. Verfügbar unter: http://www.fr.de/wirtschaft/ergo-streicht-bis-zu-1350-stellen-im-vertrieb-a-829419

Handelsblatt. (2011). *„Mordsspass". Rauschende Sex Party bei ERGO Versicherung.* Zugriff am 05.11.2017. Verfügbar unter: http://www.handelsblatt.com/finanzen/banken-versicherungen/mordsspass-rauschende-sex-party-bei-der-ergo-versicherung/4191768.html

Handelsblatt. (2014). *Chronik des Ergo-Skandals.* Zugriff am 05.11.2017. Verfügbar unter: http://www.handelsblatt.com/finanzen/banken-versicherungen/versicherer-ergo-verzeichnet-massive-einbrueche-bei-marktanteilen/13603678-4.html

Heß, G. (2010). *Supply-Strategien in Einkauf und Beschaffung. Systematischer Ansatz und Fraxisfälle.* (2, aktual. und erw. Aufl.). Wiesbaden: Gabler.

Kaplan, R. S. & Norton, D. P. (2004). *Strategy maps. Der Weg von immateriellen Werten zum materiellen Erfolg.* Stuttgart: Schäffer-Poeschel.

Kerth, K., Asum, H. & Strich, V. (2011). *Die besten Strategietools in der Praxis. Welche Werkzeuge brauche ich wann? Wie wende ich sie an? Wo liegen die Grenzen?* (5., erw. Aufl.). München: Hanser.

Kotter, J. P. (2015). Die Kraft der zwei Systeme. *Harvard Business Manager* (Speziel), S. 80-93).

Lauer, T. (2014). *Grundlagen und Erfolgsfaktoren.* (2., Aufl.). Berlin: Springer.

Müller, H.-E- (2010). *Unternehmensführung. Strategie – Konzepte – Praxisbeispiele.* München: Oldenbourg.

Müller-Stewens, G. & Lechner, C. (2011). *Strategisches Management. Wie strategische Initiativen zum Wandel führen* (4., überarbeitete Auflage). Stuttgart: Schäffer-Peoschel.

Ntv. (2012). *Rufschädigung wegen Ergo-Lustreisen.* Zugriff am 05.11.2017. Verfügbar unter: http://www.n-tv.de/wirtschaft/Fondsmanager-will-eine-Milliarde-article6455431.html

Raps, A. (2017). *Erfolgsfaktoren der Strategieimplementierung. Konzeption, Instrumente und Fallbeispiele.* (4., Aufl.). Wiesbaden: Springer.

Reisinger, S., Gattringer, R. & Strehl, F. (2013). *Strategisches Management. Grundlagen fürs Studium und Praxis.* München: Pearson.

Venzin, M., Rasner, C. & Mahnke, V. (2010). *Der Strategieprozess. Praxishandbuch zur Umsetzung im Unternehmen* (2., erw. Aufl.). Frankfurt am Main [u.a.]: Campus-Verl.

Welge, M. K., Al-Laham, A. & Eulerich, M. (2017). *Strategisches Management. Grundlagen – Prozess – Implementierung.* (7., überarb. und aktual. Aufl.). Wiesbaden: Springer.

WeltN24. (2011). *Munich Re entsetzt über Sex-Party bei Ergo-Tochter.* Zugriff am 05.11.2017. Verfügbar unter: https://www.welt.de/wirtschaft/article13404750/Munich-Re-entsetzt-ueber-Sex-Party-bei-Ergo-Tochter.html

# 7 Abbildungs- und Tabellenverzeichnis

## 7.1 Abbildungsverzeichnis

## 7.2 Tabellenverzeichnis